Dinosaurier

von A bis Z

Unipart Verlag • Stuttgart

Wer waren die Dinosaurier?

Die mächtigen Dinosaurier erschienen vor ungefähr 220 Millionen Jahren zum ersten Mal auf der Erde. Es waren Reptilien wie die Krokodile und Schildkröten von heute. Viele verschiedene Arten von Dinosauriern zogen durch die Welt: riesige, behäbige pflanzenfressende und jagende, schnelle Fleischfresser. Dinosaurier beherrschten die Erde etwa 160 Millionen Jahre lang. Das ist etwa 80 mal länger, als die Menschen auf der Erde leben.
Vor etwa 65 Millionen Jahren sind die Dinosaurier ausgestorben. Niemand weiß mit Sicherheit, warum das passiert ist. Eine Möglichkeit ist, daß die kleinen Säugetiere die Eier der Dinosaurier gestohlen haben. Es wird auch vermutet, daß die Erde zu jener Zeit kälter wurde. Die Dinosaurier könnten dann verhungert oder erfroren sein.

Auch wenn niemand je Dinosaurier gesehen hat, wissen wir dank ihrer Fossilien eine Menge über sie. Fossilien sind die harten Teile eines Dinosaurierkörpers, wie seine Knochen und Zähne. Wenn ein Dinosaurier starb, wurde sein Körper nach und nach von vielen Schichten Stein und Schlamm bedeckt. Während Millionen von Jahren verwandelten sich seine Knochen in Stein.
Fossilien findet man dort, wo das Wetter die Steine verwittert hat oder Felsen gebrochen sind. Weil sie so zerbrechlich sind, müssen Fossilien sehr vorsichtig geborgen werden.
Das erste Fossil wurde vor mehr als 300 Jahren gefunden. Zu dieser Zeit dachten die Menschen, es stamme von einem Riesen. Sie wußten nichts davon, daß es einst Dinosaurier gab.

A

Die Wälder waren vor 70 Millionen Jahren gefährliche Gegenden. Pflanzenfressende Dinosaurier, wie der **Anatosaurus,** waren immer auf der Hut vor wilden Jägern. Einer der schlimmsten unter ihnen war der **Albertosaurus**. Er war ein schneller Läufer und hatte sehr scharfe Zähne. Seine Arme waren so kurz, daß er damit nicht bis zum Kopf reichte, aber er konnte damit seine Beute zerreißen.
Über den Baumspitzen flog vor 150 Millionen Jahren der **Archaeopteryx**. Dieser Urzeit-Vogel hatte Zähne und lebte von Insekten und Eidechsen. Das erste Exemplar wurde in Süddeutschland gefunden.

***Archaeopteryx** war der erste Vogel mit Federn.*

***Albertosaurus** war ein Raubtier-Dinosaurier und fraß nur Fleisch.*

***Anatosaurus** hatte einen langen Schädel und einen Hornschnabel.*

A

Der fürchterlichste Räuber, der vor etwa 150 Millionen Jahren lebte, war der **Allosaurus**. Er war riesig groß und wog ein bis zwei Tonnen, also ziemlich viel für einen fleischfressenden Dinosaurier. Über seinen Augen befanden sich zwei knöcherne Höcker.
An zwei verschiedenen Stellen auf der Welt hat man Skelette des pflanzenfressenden **Apatosaurus** gefunden. In den Knochen konnte man die Abdrücke von Allosaurus-Zähnen sehen. Der Apatosaurus wurde früher Brontosaurus genannt, was so viel heißt wie „Donnerechse“.
Ganz wenig weiß man über den **Astrodon**, einen großen Pflanzenfresser, der etwa 10 m lang wurde. Die ersten Überreste fand man in den USA im Jahr 1850. Der Name des Astrodon bedeutet „Sternzahn“.

***Astrodon** hat vielleicht auch im früheren Europa gelebt.*

Einer der ersten Dinosaurier, dessen Fossilien man gefunden hat, war der **Atlantosaurus**. Als Pflanzenfresser war auch er ein riesenhaftes Tier, allerdings war er keine 35 m lang, wie man zuerst wegen der Knochenfunde vermutete.

B

Brachiosaurus *wurde bis 22,5 m lang, wobei sein Schwanz ziemlich kurz war.*

Plateosaurus *war der am weitesten verbreitete Dinosaurier.*

Der riesige **Brachiosaurus** war der schwerste Dinosaurier, der je gelebt hat. Er wog etwa 80 Tonnen, das ist soviel wie 15 Elefanten. Er hatte einen großen Körper und war höher als ein Haus. Der Brachiosaurus lebte vor 140 Millionen Jahren in Afrika. Er benutzte seinen langen Hals, um die Blätter von den höchsten Bäumen zu zupfen, so wie das die Giraffen heute tun.

Plateosaurus, **Camarasaurus** und **Euskelosaurus** besaßen den gleichen langen Hals. Der Plateosaurus hatte an den Fingern lange Krallen. Alle waren sie harmlose Pflanzenfresser.

Camarasaurus *hatte sehr stämmige Beine und an den Zehen kurze Krallen.*

Vom ***Euskelosaurus*** *hat man bis heute noch keinen Schädel gefunden.*

B

Wie einen Stachel trug der **Brachylophosaurus** einen kleinen Knochenkamm hinten am Schädel. Wahrscheinlich hatte er aber keine besondere Bedeutung. Der Brachylophosaurus ernährte sich von Pflanzen. Mit den scharfen Krallen an den Zehen der Hinterbeine hat er sich vermutlich gut verteidigen können. Er lebte vor etwa 130 Millionen Jahren.

Bagaceratops *hatte ein kurzes Horn auf der Nase.*

Der kleine **Bagaceratops** wurde nur 1 m lang. Er hatte sehr kräftige Beine und einen langen, dicken Schwanz. Über den Kopf zog sich ein Knochenkamm, und auch auf den Wangen trug er eine Art Schild aus Horn. Das war sein einziger Schutz gegen die zahlreichen Feinde. Auch dieser Dinosaurier war ein Pflanzenfresser.

Brachylophosaurus *gehörte zu den Entenschnabel-Dinosauriern.*

C

Vor etwa 160 Millionen Jahren zog der **Camarasaurus** wahrscheinlich in Herden über die Ebenen Nordamerikas. In dem feuchten Klima wuchsen viele Pflanzen, die er fressen konnte. Er war sehr weit verbreitet. Manche Forscher denken, daß er einen Rüssel wie die heutigen Elefanten gehabt haben könnte.

Viel kleiner dagegen war der **Camptosaurus**, der sich auch von Blättern ernährte. Er hatte einen langen, breiten Kopf, und sein Maul ähnelte einem Schnabel.

Vom **Callovosaurus** ist nur sehr wenig bekannt. Er lebte früher als sein Verwandter, der Camptosaurus, sah aber wahrscheinlich so ähnlich aus.

Camptosaurus *hatte an den Beinen hufartige Krallen.*

Callovosaurus *ist einer der ältesten Dinosaurier.*

Camarasaurus *wurde bis zu 18 m lang.*

C

Nicht alle Dinosaurier waren Giganten. Der **Compsognathus** war nur etwa kükengroß und damit einer der kleinsten Dinosaurier, die je gelebt haben. Der **Coelurus** war unter 2 m groß. Sein Kopf war so groß wie eine menschliche Hand.
Der **Coelophysis** wog etwa 2000mal weniger als ein Brachiosaurus, also nur etwa 40 Kilogramm.
Diese drei Dinosaurier waren Fleischfresser und schnelle Jäger. Sie richteten sich auf ihren Hinterfüßen auf und suchten nach Eidechsen, die sie fressen konnten. Sie benutzten ihre Schnelligkeit auch, um vor hungrigen Feinden zu fliehen.

***Coelophysis** war einer der ältesten Dinosaurier und lebte in Rudeln.*

Coelurus war größer als sein Verwandter Compsognathus.

Compsognathus hatte einen sehr langen Schwanz und hohle Knochen.

D

Der **Diplocodus** lebte vor etwa 140 Millionen Jahren in Nordamerika. Er maß erstaunliche 28 m von seinem winzigen Kopf bis zu seiner peitschenartigen Schwanzspitze. Das ist länger als acht hintereinander Stoßstange an Stoßstange geparkte Autos und macht den Diplocodus zu dem längsten Dinosaurier, der je gelebt hat. Allerdings war allein sein Schwanz schon 14 m lang und der Hals über 7 m. Der Diplocodus hatte einen eher schlanken Körper, so daß er lediglich 10 Tonnen wog.
Der Diplocodus war ein Pflanzenfresser, hatte aber schwache Zähne und konnte seine Nahrung nicht kauen. Statt dessen hatte er einen speziellen Magen, um die Blätter zu verdauen.

Diplocodus *konnte sich auf seinen Hinterbeinen aufrichten.*

Coelurus *hatte an den Händen einen dicken, daumenähnlichen Finger.*

D

Hier jagt der gefährliche, fleischfressende **Deinonychus** einen großen Pflanzenfresser, den **Diplocodus**. Diese pflanzenfressenden, harmlosen Giganten waren den Raubtier-Dinosauriern hilflos ausgeliefert, vor allem, wenn diese in Rudeln jagten. Die Pflanzenfresser waren zu schwer und zu behäbig um wegzulaufen und konnten sich gegen die oftmals scharfen Krallen der fleischfressenden Dinosaurier nicht schützen.
Dabei wurde der Deinonychus nur 3 bis 4 m lang, der Diplocodus dagegen erreichte eine Länge von 26 m. Sein Kopf war aber nur 60 cm lang.

***Deinonychus** hatte an seinem zweiten Zeh eine fürchterliche Kralle.*

Diplocodus war zwar sehr groß,
aber wog nur etwa 10 t.

E

Edmontosaurus *gehört zu den größten Entenschnabel-Dinosauriern.*

Elasmosaurus *konnte seinen langen Hals sehr schnell bewegen, um nach seinen Feinden zu schnappen.*

***Euoplocephalus** wurde etwa 5,5 m lang und wegen seiner Panzerung sehr schwer.*

Vor 136 Millionen Jahren bis vor 65 Millionen Jahren lebten überall auf der Welt hunderte Arten verschiedener Dinosaurier. Diese Zeit nennt man Kreidezeit. Der **Edmontosaurus** war ein riesiger Pflanzenfresser und einer der letzten Dinosaurier, der auf der Erde lebte.
Der **Euoplocephalus** war wie ein Panzer gebaut. Dicke, knöcherne Platten schützten seinen Körper. Am Ende seines Schwanzes befand sich eine riesige Keule, die er gegen seine Feinde schwingen konnte. Sogar sein Kopf war wie bei einer Rüstung mit einem Helm aus Knochen versehen.
Im Meer lebte ein Reptil mit einem langen Hals, das **Elasmosaurus** genannt wurde. Dieses Lebewesen war ein enger Verwandter der Dinosaurier.

FG

Nicht alle Dinosaurier waren langsam und behäbig. Der **Fabrosaurus** war ein kleiner, leichter Pflanzenfresser, der vor 210 Millionen Jahren in Südafrika lebte. Er konnte auf seinen langen Hinterbeinen sehr schnell rennen. Der **Gallimimus** war ein anderer schneller Dinosaurier. Während er seinen langen Schwanz nach hinten ausstreckte, um im Gleichgewicht zu bleiben, konnte er fast so schnell laufen wie ein Rennpferd. Der Gallimimus, der größte vogelähnliche Dinosaurier, lebte vor 65 Millionen Jahren in Zentralasien. Mit den großen Händen konnte er auch Dinosauriereier aus dem Boden schaufeln.

***Fabrosaurus** wurde nur etwa 1 m lang.*

Gallimimus hat wahrscheinlich nicht nur Pflanzen gefressen.

Gallimimus ist als Straußen-Dinosaurier bekannt. Sein breiter, flacher Schnabel und seine langen Beinen erinnern an einen Strauß ohne Federn.

H

Ein gefährlicher Jäger war auch der **Herrerasaurus**. Er gehört zu den ältesten Dinosauriern, die vor etwa 220 Millionen Jahren, vor allem im heutigen Südamerika, lebten. Er erreichte eine Länge von 3 m und, wenn er sich auf seinen langenn kräftigen Hinterbeinen aufrichtete, immerhin eine Höhe von 2,40 m. Das war schon imposant, denn sonst trug er seinen Kopf nur etwa 90 cm über dem Boden. Hier jagt er gerade eine kleinere Echse, die sich gegen die scharfen, gebogenen Krallen des Herrerasaurus nicht schützen kann. Sein langer Schwanz diente vor allem zur Erhaltung des Gleichgewichts, wenn er sich aufrichtete.

***Herrerasaurus** hatte sehr kurze Arme mit sichelartigen Krallen.*

H

Wir können eine Menge darüber, wie die Dinosaurier gelebt haben, von den Fossilien-Einschlüssen lernen, die in den Felsen übriggeblieben sind. Dinosaurierzähne sind ein gutes Fossil, weil sie hart sind und nicht verrotten. Forscher studieren die Fossilienzähne und vergleichen sie mit den Zähnen von Tieren, die heute leben. Dies sagt ihnen dann, wie die Dinosaurier gelebt haben und was sie fraßen. Pflanzenfresser hatten normalerweise flache, runde Zähne. Die Gebisse von Fleischfressern bestanden aus scharfen, dolchartigen Zähnen. Insektenfressende Dinosaurier besaßen kleine, spitze Zähne, mit denen sie die harten Außenskelette der Insekten knacken konnten.

***Heterodontosaurus** benutzte die Reißzähne vielleicht für Revierkämpfe.*

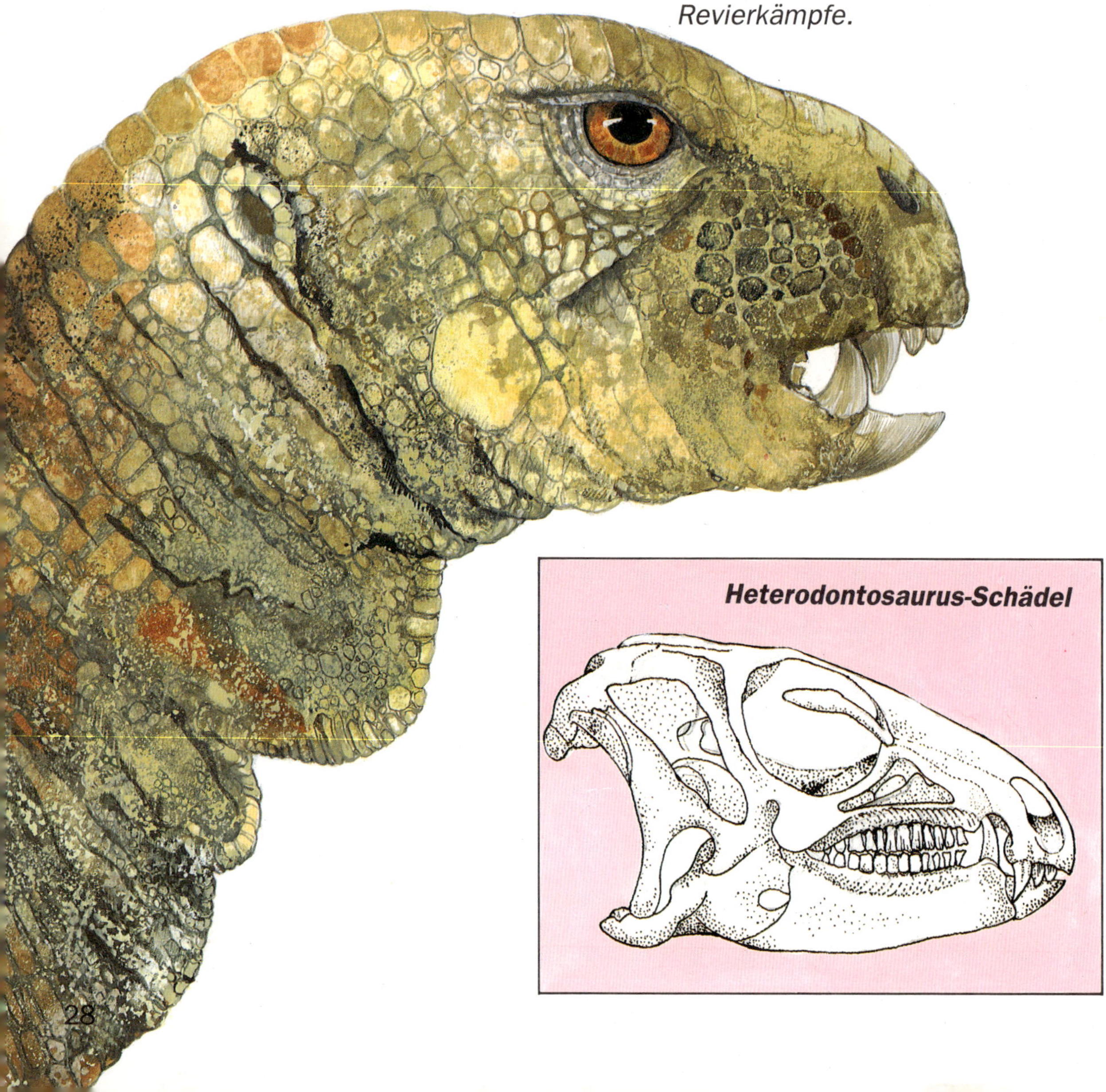

Heterodontosaurus-Schädel

Hypsilophodon *hat vermutlich in Herden gelebt.*

Die meisten Dinosaurier hatten nur eine Art von Zähnen, aber der pflanzenfressende **Heterodontosaurus** war sehr ungewöhnlich. Seine Name bedeutet „Reptil mit gemischten Zähnen“. Seine Vorderzähne waren klein und scharf. Dahinter hatte er stoßzahnartige Zähne und ganz hinten im Kiefer lagen flache Mahlzähne. Dieser kleine Dinosaurier wurde nur 1,20 m lang und lebte vor 220 Millionen Jahren in Südafrika. Der Name des **Hypsilophodon** bedeutet „Zahn mit hohen Leisten“. Seine großen Backenzähne hatten spezielle Ränder oder Kerben, um Früchte zu zermalmen. Er lebte vor 130 Millionen Jahren in Europa.

IJK

Das **Iguanodon** lebte vor 120 Millionen Jahren in Europa, Afrika und Asien. Im Jahr 1877 wurden in einem Kohlebergwerk in Belgien 31 Skelette von Iguanodons gefunden. Das zeigt, daß diese 9 m langen Dinosaurier wahrscheinlich in Herden gelebt haben. Das Iguanodon lief auf seinen Hinterbeinen und hatte so seine Hände frei, um nach Pflanzen zu greifen. Dabei hat es sich dann auf seinen kräftigen Schwanz gestützt, um nicht umzufallen.

***Iguanodon** wog etwa 5 t und war 5 m hoch, ohne sich aufzurichten.*

Wie viele heutige Reptilien legten auch der **Jubbulpuria** und der **Kentrosaurus** Eier. Die Eier hatten feste Schalen. Die Dinosaurier legten sie in Nester, die sie in den weichen Boden gegraben hatten. Danach bedeckten sie die Eier mit Sand, um sie warmzuhalten, bis die Dinosaurierbabies ausschlüpften. Der **Kritosaurus** (Abbildung auf Seite 63) gehört zur Familie der Entenschnabel-Dinosaurier. Man vermutet, daß er meist auf allen vieren lief und sich nur bei Gefahr aufrichtete, um dann auf seinen Hinterbeinen davonzulaufen.

Kentrosaurus *legte Eier mit festen Schalen.*

Jubbulpuria *legten die Eier in Nester im Boden.*

L

Lexovisaurus lebte vor etwa 170 Millionen Jahren und ist einer der ältesten Stachel-Dinosaurier, die bisher entdeckt wurden. In England und Nordfrankreich hat man Versteinerungen von Knochenplatten und Gliedmaßen gefunden. Daraus konnte man ein Tier rekonstruieren, das etwa 5 m lang gewesen sein muß. Die Knochenplatten trug der Lexovisaurus nicht im Körper, sondern vermutlich so wie die anderen Stachel-Dinosaurier in einer Reihe den Rücken entlang. Auf dem Schwanz gingen diese Platten dann in kräftige Dornen über. Das war eine gefährliche Waffe gegen angreifende Raubtier-Dinosaurier.

Lexovisaurus *lief auf allen vier Beinen.*

L

Viele Dinosaurier hatten seltsam geformte Köpfe und Mäuler. Der **Lesothosaurus** war etwa so groß wie eine Gans. Er hatte einen scharfen Schnabel, um Blätter und Pflanzentriebe abzuzwicken. Mit seinen kleinen, spitzen Zähnen zerhackte er dann die Nahrung.

Der **Lambeosaurus** hatte einen großen, hohlen Kamm auf dem Kopf. Vielleicht hat er auf dem Kamm geblasen wie auf einer Trompete, um den anderen Dinosauriern mitzuteilen, wo er war oder um Gefahren anzukündigen.

Der **Leptoceratops** hatte einen Kragen um seinen Nacken. Er gehört zu der Gruppe der Horndinosaurier, obwohl er gar keine Hörner hatte.

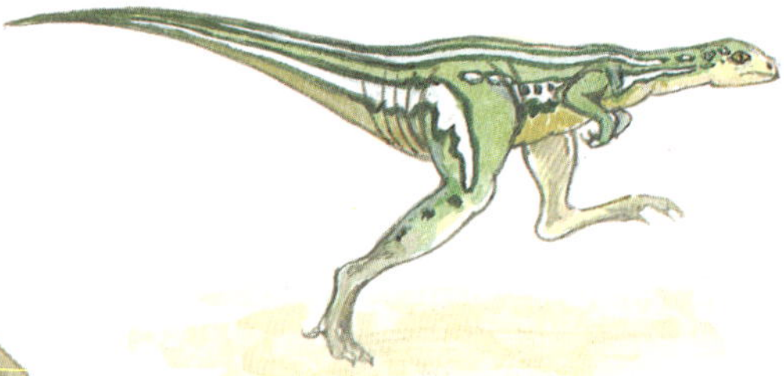

Lesothosaurus

Leptoceratops

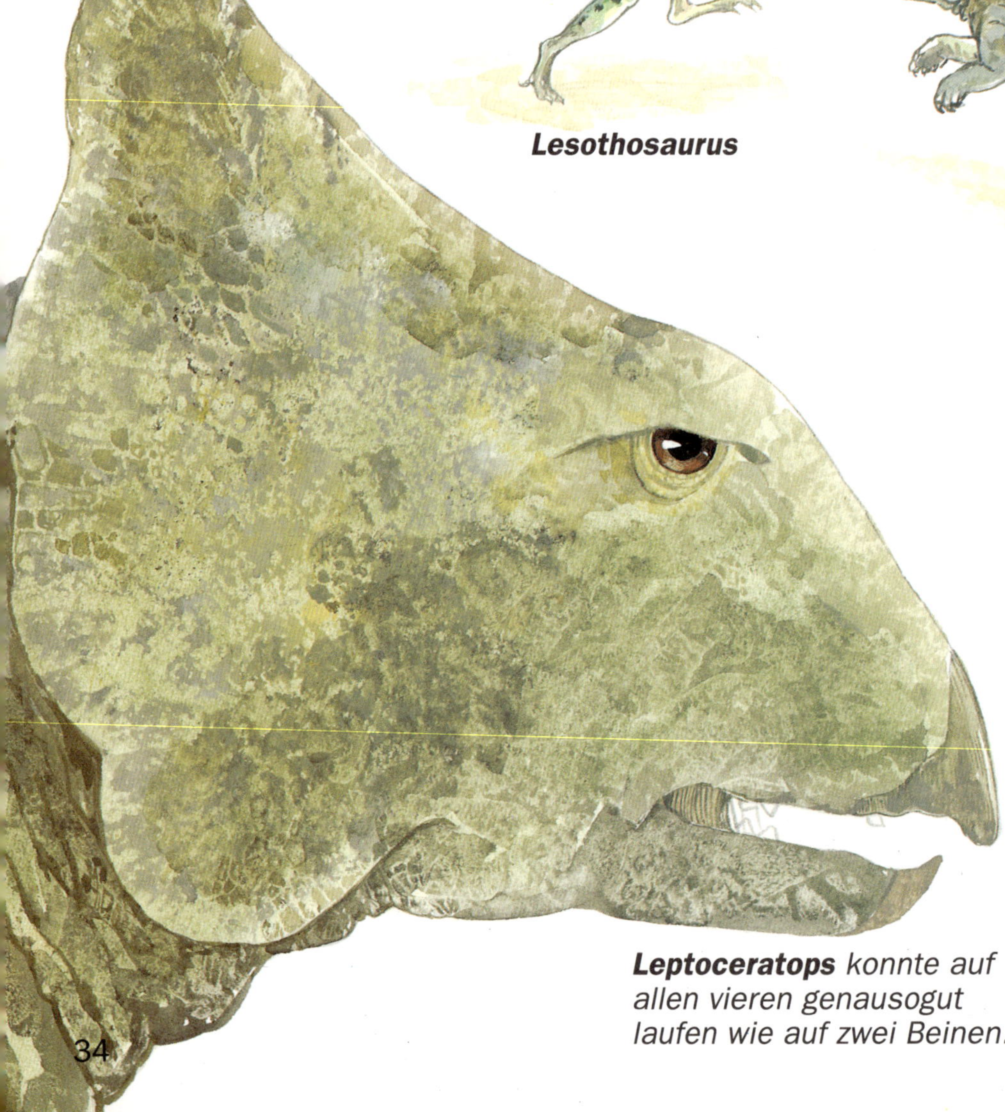

***Leptoceratops** konnte auf allen vieren genausogut laufen wie auf zwei Beinen.*

Lambeosaurus

Lambeosaurus *wurde etwa 9 m lang und hatte einen sehr biegsamen Hals.*

Lesothosaurus *hatte viele kleine Zähne, die ständig durch neue ersetzt wurden.*

M

Megalosaurus *hat in England Fußabdrücke hinterlassen, die zeigen, daß er auf zwei Beinen ging.*

Der **Megalosarus** war der erste Dinosaurier, der entdeckt wurde. Dieser riesige Fleischfresser wog etwa 9 Tonnen und lief auf seinen kräftigen Hinterbeinen auf der Suche nach Nahrung durch die Ebenen Europas. Er hatte spitze, scharfkantige Zähne und schreckliche Klauen an seinen Füßen. Der **Mamenchisaurus** war ein ganz anderes Lebewesen. Er war ein langsamer, gemächlicher Pflanzenfresser, der auf allen vieren ging. Dieser freundliche Gigant hatte den längsten Hals aller bekannten Tiere. Er war allein schon 10 m lang. Insgesamt erreichte das Tier eine Länge von 22 m.

Mamenchisaurus *konnte seinen Kopf in die höchsten Baumspitzen strecken.*

M

Der **Muttaburrasaurus** lebte vor etwa 130 Millionen Jahren auf dem Gebiet, das heute Australien heißt. Er erreichte eine Länge von etwa 7 m und war ein ziemlich mächtiges Tier. Die kurzen Arme verraten, daß er wahrscheinlich die meiste Zeit auf seinen Hinterbeinen lief und die Arme nur zum Pflücken von Blättern benutzte. Auf der Schnauze vor den Augen trug er einen kleinen, knöchernen Höcker, der vielleicht bei der Partnerwahl eine Rolle gespielt hat. Er gehörte zu der Familie der Iguanodons.

Muttaburrasaurus ernährte sich nur von Pflanzen.

N

Manche pflanzenfressenden Dinosaurier wurden so groß, daß sie zu langsam waren, um ihren Feinden zu entfliehen. So entwickelten sie im Laufe der Jahrmillionen, so wie der **Nodosaurus**, dicke, knöcherne Höcker und Platten, die ihre Körper bedeckten. Diese bildeten eine Rüstung, die kein Fleischfresser durchbeißen konnte. Doch war diese Rüstung so beweglich, daß die Dinosaurier sich noch bewegen konnten.

Der Nodosaurus war ein Pflanzenfresser, der vor 95 Millionen Jahren in Nordamerika lebte. Sein Name bedeutet „Knochen-Echse“ und bezieht sich auf die vielen Knochenplatten, die seinen gesamten Hals und Rücken überzogen.

Dinosaurier-Rüstung

*Andere gepanzerte Dinosaurier waren der **Palaeoscincus, Scutellosaurus** und der **Pinacosaurus.** Neben den knöchernen Platten besaßen diese Dinosaurier auch spitze Dornen zum besonderen Schutz. Der Pinacosaurus konnte seinen keulenartigen Schwanz gegen seine Feinde schwingen und sie damit verletzen.*

__Palaeoscincus__, der gefährlichste Panzer-Dinosaurier.

Nodosaurus erreichte eine Länge von 5,5 m und lebte in kleinen Gruppen.

Scutellosaurus war ein Dinosaurier von 1,2 m Länge.

Pinacosaurus hatte einen kurzen Hornschnabel ohne Zähne.

O

Der **Ornithomimus** und sein naher Verwandter, der **Oviraptor**, lebten vor etwa 70 Millionen Jahren. Sie stahlen und fraßen die Eier von anderen Dinosauriernestern. Der Ornithomimus besaß keine Zähne, sondern schnabelartige Kiefer. Wahrscheinlich nahm er die Eier mit seinen langen, dünnen Fingern auf und brach sie mit seinem scharfen Maul auf. Der Name Oviraptor bedeutet „Eierdieb“ und **Ornitholestes** bedeutet „Vogelräuber“. Er ernährte sich nämlich auch von Flugsauriern. Wenn sie die Dinosauriereltern kommen sahen, konnten sie ganz schnell davonlaufen, weil sie so leicht waren.

Ornitholestes *war ein Fleischfresser mit scharfen, spitzen Zähnen.*

Ornithomimus erreichte eine Länge von 3,5 m und hatte ein großes Gehirn.

Oviraptor hatte sehr starke Kiefermuskeln und konnte kräftig zubeißen.

O

Der **Ouranosaurus** lebte vor 105 Millionen Jahren im heißen Westafrika. Er kühlte seinen Körper wahrscheinlich ab, indem er sein Segel in den Wind hielt. Nach sehr kalten Nächten in den Wüstengebieten konnte er sich damit aber auch schnell wieder aufheizen, wenn er die Sonne darauf scheinen ließ. Das Segel bestand aus mehreren verlängerten Rückenwirbeln, die mit einer Haut bespannt waren. Er hatte einen langen, flachen Schädel und ernährte sich von niedrigen Pflanzen, zum Beispiel Schachtelhalmen. Die Hände bestanden aus je fünf Fingern, mit denen er auch Früchte ernten konnte. Die meiste Zeit allerdings stand er wohl auf allen vieren.

Ouranosaurus *hatte einen kurzen, beweglichen Hals.*

P

Der **Pachycephalosaurus** war ein seltsam aussehender Dinosaurier. Der Knochen auf seinem Kopf war 25 cm dick. Die Forscher glauben, daß diese dickköpfigen Dinosaurier damit Rangkämpfe ausgefochten haben, indem sie mit den Köpfen gegeneinander rannten. Der Sieger war dann der Ranghöchste der Herde. Der Pachycephalosaurus lebte vor 70 Millionen Jahren in Nordamerika. Wenn du zu dieser Zeit gelebt hättest, hättest du vielleicht das Krachen ihrer Köpfe hören können. Es ist aber auch möglich, daß die Tiere mit diesen Knochenkämmen ganz besondere Laute erzeugen konnten.

Pachycephalosaurus
erreichte immerhin eine Länge von 10 m.

Dinosaurier-Köpfe

Es gab viele Dinosaurier mit seltsam geformten Köpfen. Hier sind einige von ihnen.

Parasaurolophus *mit Knochenzapfen.*

Protoceratops *mit-Nackenschild.*

Psittacosaurus *ähnlich heutigen Papagaien.*

P

Hier siehst du, wie eine Gruppe von **Procompsognathus** vor etwa 215 Millionen Jahren einen friedlich fressenden Plateosaurus überraschen. Der Procompsognathus erreichte zwar nur eine Länge von 1,2 m, war aber sehr gefräßig. Alleine konnte er einen so großen Pflanzenfresser wie den Plateosaurus, der immerhin fast sechsmal so lang war, nicht besiegen, deswegen jagte er in kleinen Trupps.
Der **Plateosaurus** ernährte sich ausschließlich von Pflanzen und hatte sich schnell in allen Gebieten verbreitet.

Procompsognathus *besaß an seinen Armen gefährliche Krallen.*

Plateosaurus *lief meistens auf allen vieren, konnte sich aber auch auf seinen Hinterbeinen aufrichten.*

S

Der **Spinosaurus** hatte ein großes Segel auf dem Rücken, das aus verlängerten Rückenwirbeln bestand, die mit Haut überzogen waren. Dieser Dinosaurier lebte vor etwa 110 Millionen Jahren in Afrika. Er benutzte das Rückensegel vermutlich, um die Körpertemperatur zu regulieren. Mit seiner Länge von 12 m war er sicherlich der imposanteste Vertreter dieser Art von Dinosauriern. Das Segel erreichte übrigens alleine schon eine Höhe von 2 m. Die vielen Knochen machten ihn zu einem sehr schweren Tier. Insgesamt wog er etwa 6 Tonnen.

Es gab viele Dinosaurier, deren Name mit einem S beginnt. Der **Saltopus** und der **Segisaurus** waren kleine, schnelle Läufer. Der **Saurolophus** war ein Entenschnabel-Dinosaurier mit einem kleinen Kamm auf seinem Kopf. Der **Silvisaurus** hatte ein festes Knochenschild auf seinem Rücken und Dornen, die aus seinen Schultern und seinem Schwanz wuchsen. Im Gegensatz zu seinen Nachfahren hatte er noch Zähne in seinem schnabelartigen Maul.

Saurolophus *konnte mit seinem Knochenkamm bellende Laute erzeugen.*

Silvisaurus *trug um den Hals einen starken Panzer.*

Segisaurus *wurde nur 1 m lang und besaß Arme mit scharfen Krallen.*

Saltopus *war mit 60 cm Länge einer der kleinsten und leichtesten Dinosaurier.*

Segel-Dinosaurier

***Spinosaurus** benutzte sein großes Rückensegel wahrscheinlich, um seine Körpertemperatur zu senken.*

***Ouranosaurus** besaß auch ein riesiges Segel aus Rückenwirbeln, die mit Haut überzogen waren.*

***Stegosaurus** war ein Pflanzenfresser, aber sein Gebiß war dafür nicht sehr gut ausgebildet.*

Der **Stegosaurus** lebte in Nordamerika, vor etwa 140 Millionen Jahren. Dieser gigantische Pflanzenfresser war 7 m lang und wog so viel wie zwei Autos, aber sein Gehirn hatte die Größe einer Walnuß! Der Kopf erreichte eine Länge von 40 cm und endete in einem zahnlosen Hornschnabel. Weiter hinten besaß er einige Backenzähne, die aber klein und schwach waren.
Stegosaurus hatte zwei Reihen von dreieckigen, knöchernen Platten, die seinen ganzen Rücken hinunterwuchsen. Manche davon waren 75 cm hoch, fast dreimal so hoch wie dieses Buch. Von weitem sahen sie aus wie aufgerichtete Pfeilspitzen. Forscher glauben, daß der Stegosaurus seinen Körper aufwärmte, indem er die Platten in die Sonne drehte. Zum Abkühlen hat er sie dann wieder von der Sonne weggedreht.

Stegosaurus

T

Vor etwa 65 Millionen Jahren lebten die letzten Dinosaurier auf der Erde. **Tyrannosaurus rex** war der größte Fleischfresser, den es je gab. Dieses Ungeheuer konnte sich auf seinen großen, klauenbewehrten Hinterfüßen 5 m hoch aufrichten. Es hatte furchterregende, dolchartige Zähne, die etwa 15 cm lang waren. Trotzdem hat sich der Tyrannosaurus es wahrscheinlich gut überlegt, einen **Torosaurus** oder **Triceratops** anzugreifen. Die Pflanzenfresser von damals hatten nämlich riesige, knöcherne Nackenschilde und gefährliche Hörner, um sich zu verteidigen. Auch heute werden Elefanten und Nashörner ganz selten von Raubtieren angegriffen.

***Triceratops** war mit seinen 10 t Gewicht der schwerste Horn-Dinosaurier*

***Torosaurus** hatte einen riesigen Schädel, der alleine schon 2,6 m lang wurde.*

Tyrannosaurus rex *war der gefährlichste Räuber der Urzeit.*

T

Der **Tarbosaurus** gehörte zu den Raubtier-Dinosauriern. Vor etwa 80 Millionen Jahren zog er über die Weiden Asiens und fraß alles, was er fand, ob tot oder lebendig. Seinen riesigen Körper bewegte er auf den Hinterbeinen laufend.

Torosaurus bedeutet eigentlich „Stiersaurier". Wahrscheinlich hat er diesen Namen erhalten, weil seine zwei Hörner an einen Stier erinnern.

Tarbosaurus *erreichte eine Länge bis zu 14 m.*

Der **Triceratops** war der häufigste Horn-Dinosaurier. Auch er lebte in größeren Gruppen zusammen in den Gebieten des heutigen Nordamerika.
Von dem **Troodon** weiß man nicht sehr viel. Wahrscheinlich erreichte er eine Länge von 2,4 m. Man weiß nicht einmal, ob er sich von Pflanzen oder von Tieren ernährte.

***Troodon** lief auf zwei Beinen und hatte sehr kurze Arme.*

***Torosaurus** lebte in großen Herden, um sich gegen Angreifer zu schützen.*

***Triceratops** bedeutet wörtlich übersetzt „Dreihorngesicht“.*

UVW

Das Wort „Dinosaurier“ bedeutet in Altgriechisch „schreckliche Echse“. Meist wurden Dinosaurier nach besonderen Kennzeichen benannt oder nach dem Platz, an dem ihre versteinerten Überreste gefunden wurden. Der **Ultrasaurus** bedeutet „größte Echse“. Er wurde erst von zehn Jahren entdeckt. Forscher glauben, daß dies der größte aller Dinosaurier gewesen sei.
Der **Velociraptor** war ein sehr schneller Läufer. Der **Wannanosaurus** wurde nach Wannan benannt, dem Ort in China, an dem er gefunden wurde. Er gehört zu den Pachycephalosauriern und trägt einen kleinen Knochenkamm am hinteren Ende des Schädels.

Ultrasaurus *ernährte sich ausschließlich von Pflanzen, war also trotz seiner Größe harmlos.*

Velociraptor *war ein gefräßiger Räuber, der auch gefährliche Horn-Dinosaurier angegriffen hat.*

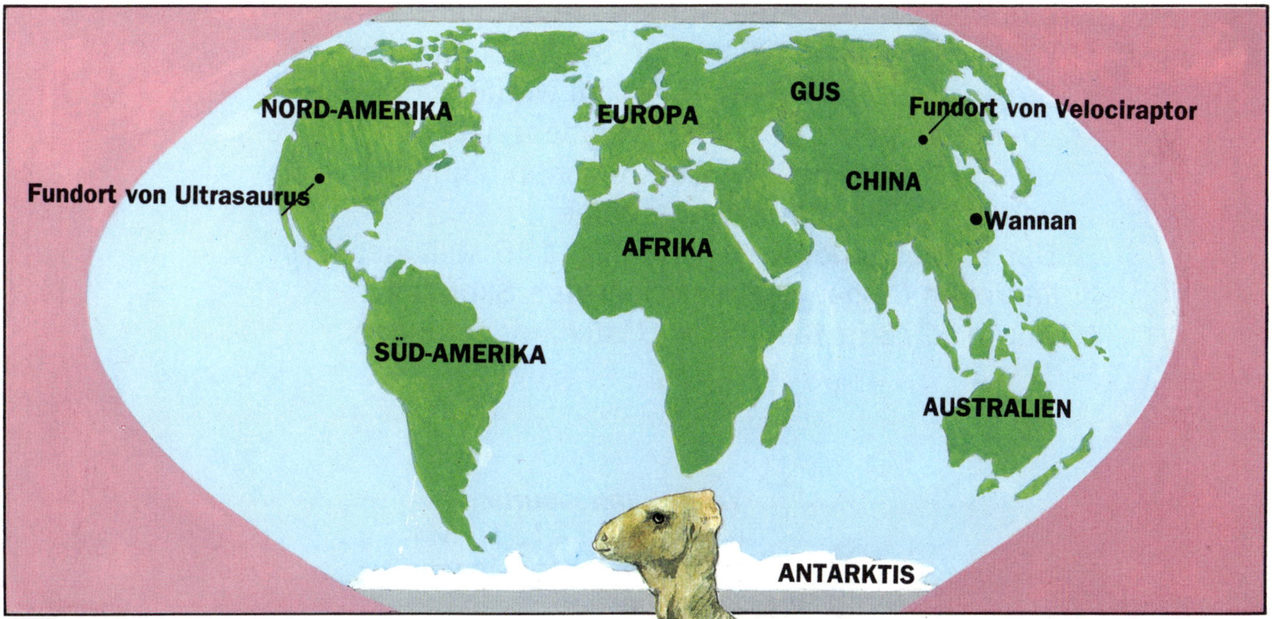

Wannanosaurus *lief aufrecht auf seinen Hinterbeinen, und seine Hände bestanden aus je fünf Fingern.*

YZ

Dinosaurier-Überreste wurden auf der ganzen Welt gefunden, in Wüsten, in Steinbrüchen und Steilküsten. Die ersten Fossilien wurden vor über 300 Jahren gefunden. Seitdem hat man viele wichtige Fossilien von Knochen, Zähnen und sogar Fußabdrücken geborgen.
Der **Yangchuanosaurus** lebte vor 145 Millionen Jahren in China. Sein versteinertes Skelett wurde 1978 in Yangchuan, Ostchina, gefunden.

Yangchuanosaurus *erreichte eine Länge von 10 m und hatte Zähne wie Steakmesser.*

Das Skelett des mächtigen Jägers ***Yangchuanosaurus*** *ist im Beipei Museum, China, ausgestellt.*

Dinosaurier-Experten nennt man **Paläontologen**. Sie heben vorsichtig die Fossilien aus dem Stein und versehen jedes Teil mit einer Nummer und beschreiben es dann sorgfältig und genau. Sehr zerbrechliche und bröselige Knochen können in Gipsverbände eingepackt werden, wie ein gebrochenes Bein. Von dem Alter des Gesteins, in dem die Überreste gefunden werden, schließen die Paläontologen auf das Alter der Dinosaurier. Dann beginnen sie mit der langwierigen Arbeit, die vielen kleinen Knochen zu einem Skelett zusammenzubauen.

Zephyrosaurus *war ein Pflanzenfresser, der vor 120 Millionen Jahren lebte. Seine Überreste wurden in Nordamerika gefunden.*

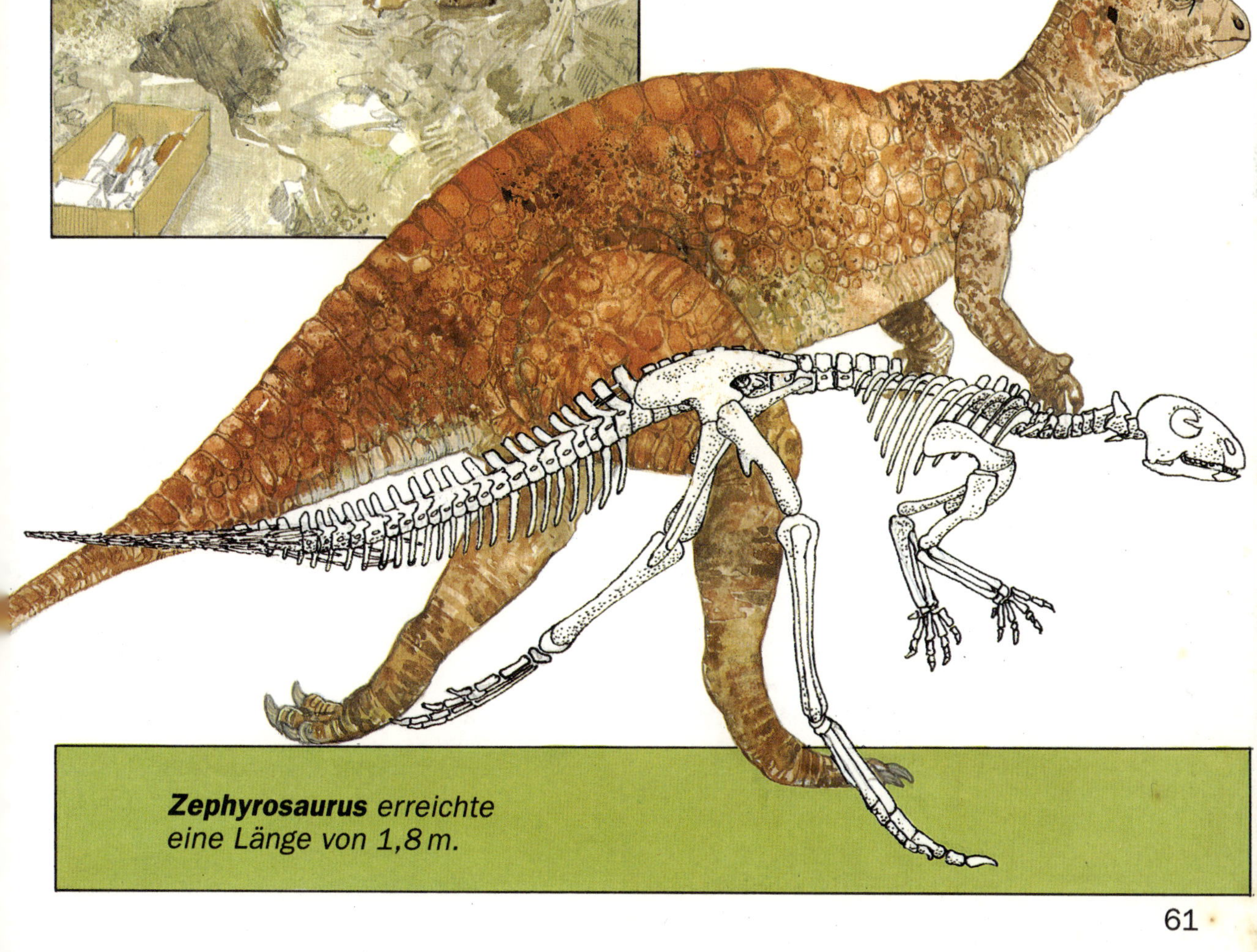

Zephyrosaurus *erreichte eine Länge von 1,8 m.*

Index